ÍNDICE

WRITER

TECLAS DE FUNCIÓN

F1

Ayuda.

F2

Fórmula.

F3

Ejecutar entrada de texto.

F4

Posición y tamaño (Opción de gráfico).

F5

Navegador.

F6

Desplazarse por la barra de programas.

F7

Ortografía.

F8

Selección extendida activada.

F9

Campos.

F10

Activar la barra de menú.

F11

Estilos.

F12

Numeración.

ABAJO

Ir a la línea de abajo

ARRIBA

Ir a la línea de arriba.

IZQUIERDA

Desplazarse un carácter a la izquierda.

DERECHA

Desplazarse un carácter a la derecha.

OTRAS TECLAS

INICIO

Ir al comienzo de la línea.

FIN

Ir al final del renglón.

RE PÁG

Página anterior.

AV PÁG

Página siguiente.

INTRO

Insertar párrafo.

SUPR

Eliminar contenido.

ESC

Cancelar.

INSERT

Modo de inserción.

TECLAS DE MAYÚSCULA

MAYÚSC + F3

Cambiar uso de mayúsculas.

MAYÚSC + F4

Ir al marco siguiente.

MAYÚSC + F5

Restaurar vista de edición.

MAYÚSC + F7

Revisión ortográfica automática.

MAYÚSC + F8

Activar selección múltiple.

MAYÚSC + F9

Calcular tabla.

MAYÚSC + F10

Desplegar el menú contextual.

MAYÚSC + F11

Nuevo.

MAYÚSC + F12

Viñetas.

MAYÚSC + ABAJO

Selección hacia abajo.

MAYÚSC + ARRIBA

Selección hasta el primer renglón.

MAYÚSC + IZQUIERDA

Seleccionar carácter a la izquierda.

MAYÚSC + DERECHA

Seleccionar carácter a la derecha.

MAYÚSC + INICIO

Seleccionar hasta el comienzo del renglón.

MAYÚSC + FIN

Seleccionar hasta el fin del renglón.

MAYÚSC + INSERT

Pegar.

MAYÚSC + SUPR

Cortar.

MAYÚSC + RE PÁG

Seleccionar hasta la página anterior.

MAYÚSC + AV PÁG

Seleccionar hasta la página siguiente.

MAYÚSC + INTRO

Insertar salto de renglón manual.

TECLAS DE CONTROL

CTRL + 0

Cuerpo de texto.

CTRL +1

Título 1.

CTRL + 2

Título 2.

CTRL + 3

Título 3.

CTRL + 4

Título 4.

CTRL + 5

Título 5.

CTRL + A

Abrir...

CTRL + B

Buscar.

CTRL + C

Copiar.

CTRL + D

Subrayado doble.

CTRL + E

Seleccionar todo.

CTRL + F

Buscar.

CTRL + G

Guardar.

CTRL + H

Buscar y reemplazar.

CTRL + I

Itálica.

CTRL + J

Alineación justificada.

CTRL + K

Itálica.

CTRL + L

Alineación a la izquierda.

CTRL + M

Limpiar formato.

CTRL + N

Negrita.

CTRL + O

Abrir.

CTRL + P

Imprimir.

CTRL + Q

Salir.

CTRL + R

Alineación a la derecha.

CTRL + S

Subrayado.

CTRL + T

Alineación centrada.

CTRL + U

Nuevo.

CTRL + V

Pegar.

CTRL + W

Cerrar ventana.

CTRL + X

Cortar.

CTRL + Y

Rehacer.

CTRL + Z

Deshacer.

CTRL + [

Disminuir.

CTRL +]

Aumentar.

TECLAS DE CONTROL + FUNCIÓN

CTRL + F2

Más campos...

CTRL + F3

Texto automático.

CTRL + F4

Cerrar.

CTRL + F5

Barra lateral.

CTRL + F7

Sinónimos.

CTRL + F8

Marcar campos.

CTRL + F9

Nombres de campo.

CTRL + F10

Marcas de formato.

CTRL + F11

Fijar el foco en el cuadro combinado.

CTRL + F12

Tabla.

TECLAS DE CONTROL + DIRECCIÓN

CTRL + ABAJO

Ir al párrafo siguiente.

CTRL + ARRIBA

Ir al párrafo anterior.

CTRL + IZQUIERDA

Ir a la izquierda de la palabra.

CTRL + DERECHA

Ir a la derecha de la palabra.

TECLAS DE CONTROL + OTRAS TECLAS

CTRL + INICIO

Ir al comienzo del documento.

CTRL + FIN

Ir al final del documento.

CTRL + REV PÁG

Ir a la cabecera.

CTRL + AV PÁG

Ir al pie de página.

CTRL + INTRO

Salto de página.

CTRL + RETROCESO

Eliminar hasta el comienzo de la palabra.

CTRL + INSERT

Copiar.

CTRL + SUPR

Eliminar hasta el final de la palabra.

CTRL + +

Calcular.

CTRL + -

Insertar guion discrecional.

CTRL + *

Ejecutar campo de macro.

CTRL + /

Separación invisible opcional.

TECLAS DE CONTROL + MAYÚSCULA

CTRL + MAYÚSC + 0

Párrafo predeterminado.

CTRL + MAYÚSC + A

De izquierda a derecha.

CTRL + MAYÚSC + B

Subíndice.

CTRL + MAYÚSC + C

Grabar seguimiento de cambios.

CTRL + MAYÚSC + D

De derecha a izquierda.

CTRL + MAYÚSC + F

Repetir búsqueda.

CTRL + MAYÚSC + I

Seleccionar texto.

CTRL + MAYÚSC + J

Pantalla completa.

CTRL + MAYÚSC + M

Modo de edición.

CTRL + MAYÚSC + N

Plantillas.

CTRL + MAYÚSC + O

Previsualización de impresión.

CTRL + MAYÚSC + P

Superíndice.

CTRL + MAYÚSC + Q

Detener ejecución de macro.

CTRL + MAYÚSC + R

Reglas.

CTRL + MAYÚSC + S

Guardar como...

CTRL + MAYÚSC + T

Desproteger tablas.

CTRL + MAYÚSC + V

Pegado especial.

CTRL + MAYÚSC + X

Quitar formatos de carácter directo.

CTRL + MAYÚSC + Y

Repetir.

CTRL + MAYÚSC + Z

Rehacer.

CTRL + MAYÚSC + F4

Orígenes de datos.

CTRL + MAYÚSC + F5

Ir a la página.

CTRL + MAYÚSC + F8

Área en bloque.

CTRL + MAYÚSC + F9

Actualizar campos para entradas.

CTRL + MAYÚSC + F11

Actualizar.

CTRL + MAYÚSC + F12

Desactivar numeración.

CTRL + MAYÚSC + ABAJO

Seleccionar hasta el final del párrafo.

CTRL + MAYÚSC + ARRIBA

Seleccionar hasta el comienzo del párrafo.

CTRL + MAYÚSC + IZQUIERDA

Seleccionar hasta el comienzo de la palabra.

CTRL + MAYÚSC + DERECHA

Seleccionar hasta el final de la palabra.

CTRL + MAYÚSC + INICIO

Seleccionar hasta el comienzo del documento.

CTRL + MAYÚSC + FIN

Seleccionar hasta el final del documento.

CTRL + MAYÚSC + AV PÁG

Editar nota al pie / nota al final.

CTRL + MAYÚSC + INTRO

Insertar salto de columna.

CTRL + MAYÚSC + ESPACIO

Insertar espacio indivisible.

CTRL + MAYÚSC + RETROCESO

Eliminar hasta el comienzo de la frase.

TECLAS DE CONTROL + ALT

CTRL + ALT + B

Buscar y reemplazar.

CTRL + ALT + C

Comentario.

CTRL + ALT + E

Gestor de extensiones.

CTRL + ALT + K

Hiperenlace...

CTRL + ALT + ABAJO

Bajar un nivel en la lista.

CTRL + ALT + ARRIBA

Subir un nivel en la lista.

CTRL + ALT +MAYÚSC + V

Pegar texto sin formato.

TECLAS DE ALT

ALT

Activar la barra de menú.

ALT + X

Conmutar notación de Unicode.

ALT + RETROCESO

Deshacer.

ALT + MAYÚSC + F8

Área de bloque.

ALT + MAYÚSC + ESPACIO

Insertar espacio estrecho indivisible.

ALT + F11

Basic.

ALT + F12

Opciones.

CALC

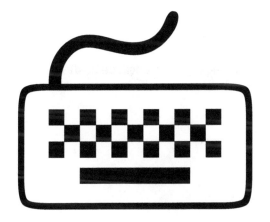

TECLAS DE FUNCIÓN

F1

Ayuda.

F2

Modo de edición de celdas.

F4

Cambiar entre tipos de referencia de celdas.

F5

Navegador.

F7

Ortografía.

F8

Estado de selección extendida.

F9

Recalcular.

F10

Activar la barra de menú.

F11

Estilos.

F12

Agrupar.

TECLAS DE DIRECCIÓN

ABAJO

Bajar.

ARRIBA

Subir.

IZQUIERDA

Mover hacia a la izquierda.

DERECHA

Mover hacia la derecha.

OTRAS TECLAS

INICIO

Ir al comienzo del documento.

FIN

Ir al final del documento.

REV PÁG

Ir una página hacia arriba.

AV PÁG

Ir una página hacia abajo.

ESC

Cancelar.

RETROCESO

Vaciar celdas...

SUPR

Eliminar contenido / Vaciar celdas...

TECLAS DE MAYÚSCULA

MAYÚSC + F3

Cambiar uso de mayúsculas.

MAYÚSC + F5

Rastrear dependencias.

MAYÚSC + F7

Revisión ortográfica automática.

MAYÚSC + F8

Estado selección complementaria.

MAYÚSC + F9

Rastrear precedentes.

MAYÚSC + F10

Desplegar el menú contextual.

MAYÚSC + F11

Guardar como plantilla.

MAYÚSC + ABAJO

Seleccionar hasta la línea de abajo.

MAYÚSC + ARRIBA

Seleccionar hacia arriba.

MAYÚSC + IZQUIERDA

Seleccionar hacia la izquierda.

MAYÚSC + DERECHA

Seleccionar hacia la derecha.

MAYÚSC + INCIO

Seleccionar hasta el comienzo del documento.

MAYÚSC + FIN

Seleccionar hasta el final del documento.

MAYÚSC + INSERT

Pegar.

MAYÚSC + SUPR

Cortar.

MAYÚSC + REV PÁG

Seleccionar Página hacia arriba.

MAYÚSC + AV PÁG

Seleccionar página hacia abajo.

MAYÚSC + ESPACIO

Seleccionar fila.

MAYÚSC + RETROCESO

Deshacer selección.

TECLAS DE CONTROL

CTRL + 1

Formato de celdas.

CTRL + 2

Interlineado 2

CTRL + 5

Interlineado 1,5

CTRL + A

Abrir.

CTRL + B

Buscar.

CTRL + C

Copiar.

CTRL + D

Rellenar abajo.

CTRL + E

Seleccionar todo.

CTRL + F

Buscar.

CTRL + G

Guardar.

CTRL + H

Buscar y reemplazar.

CTRL + I

Itálica.

CTRL + J

Alineación justificada.

CTRL + K

Itálica.

CTRL + L

Alinear a la izquierda.

CTRL + M

Limpiar formato.

CTRL + N

Negrita.

CTRL + O

Abrir...

CTRL + P

Imprimir.

CTRL + Q

Salir.

CTRL + R

Alinear a la derecha.

CTRL + S

Subrayado.

CTRL + T

Alinear al centro.

CTRL + U

Nuevo.

CTRL + W

Cerrar ventana

CTRL + X

Cortar.

CTRL + Y

Rehacer.

CTRL + Z

Deshacer.

CTRL + ;

Insertar fecha actual.

CTRL + '

Copiar fórmula superior.

CTRL + [

Marcar los precedentes.

CTRL +]

Marcar los dependientes.

CTRL + ,

Insertar fecha actual.

CTRL + TABULACIÓN

Ir a la hoja siguiente.

TECLAS DE CONTROL + FUNCIÓN

CTRL + F2

Función...

CTRL + F3

Gestionar nombres.

CTRL + F4

Cerrar.

CTRL + F5

Barra lateral.

CTRL + F7

Sinónimos.

CTRL + F8

Destacar valores.

CTRL + F12

Desagrupar.

TECLAS DE CONTROL + DIRECCIÓN

CTRL + ABAJO

Ir al margen inferior.

CTRL + ARRIBA

Ir al margen superior.

CTRL + IZQUIERDA

Ir al margen izquierdo.

CTRL + DERECHA

Ir al margen derecho.

TECLAS DE CONTROL + OTRAS TECLAS

CTRL + INICIO

Ir al comienzo del archivo.

CTRL + FIN

Ir al final del archivo.

CTRL + REV PÁG

Ir a la hoja anterior.

CTRL + INSERT

Copiar.

CTRL + ESPACIO

Seleccionar columnas.

CTRL + RETROCESO

Ir a la celda actual.

CTRL + +

Insertar celdas.

CTRL + -

Eliminar celdas.

CTRL + *

Marcar área de datos.

CTRL + /

Seleccionar fórmula matricial.

TECLAS DE CONTROL + MAYÚSCULA

CTRL + MAYÚSC + 1

Formato de celda número.

CTRL + MAYÚSC + 2

Formato de celda científico.

CTRL + MAYÚSC + 3

Formato de celda fecha.

CTRL + MAYÚSC + 4

Formato de celda moneda.

CTRL + MAYÚSC + 5

Formato de celda porcentaje.

CTRL + MAYÚSC + 6

Formato de celda general.

CTRL + MAYÚSC + B

Subíndice.

CTRL + MAYÚSC + C

Grabar seguimiento de cambios.

CTRL + MAYÚSC + F

Repetir búsqueda.

CTRL + MAYÚSC + J

Pantalla completa.

CTRL + MAYÚSC + M

Modo de edición

CTRL + MAYÚSC + N

Plantillas.

CTRL + MAYÚSC + O

Previsualización de impresión.

CTRL + MAYÚSC + P

Superíndice.

CTRL + MAYÚSC + Q

Detener ejecución de macro.

CTRL + MAYÚSC + R

Redibujar.

CTRL + MAYÚSC + S

Guardar como...

CTRL + MAYÚSC + T

Campo de entrada área de tabla.

CTRL + MAYÚSC + V

Pegado especial.

CTRL + MAYÚSC + Y

Repetir.

CTRL + MAYÚSC + Z

Rehacer.

CTRL + MAYÚSC + ;

Insertar hora actual.

CTRL + MAYÚSC + ,

Insertar hora actual.

CTRL + MAYÚSC + TABULACIÓN

Ir a la hoja anterior.

TECLAS DE CONTROL + MAYÚSCULA + FUNCIÓN

CTRL + MAYÚSC + F2

Línea de entrada.

CTRL + MAYÚSC + F4

Orígenes de datos.

CTRL + MAYÚSC + F5

Campo de entrada de tabla.

CTRL + MAYÚSC + F9

Recalculación incondicional.

TECLAS DE CONTROL + MAYÚSCULA + DIRECCIÓN

CTRL + MAYÚSC + ABAJO

Seleccionar hasta el margen inferior.

CTRL + MAYÚSC + ARRIBA

Seleccionar hasta el margen superior.

CTRL + MAYÚSC + IZQUIERDA

Seleccionar hasta el margen izquierdo.

CTRL + MAYÚSC + DERECHA

Seleccionar hasta el margen derecho.

TECLAS DE CONTROL + MAYÚSCULA + OTRAS TECLAS

CTRL + MAYÚSC + INICIO

Seleccionar hasta el comienzo del archivo.

CTRL + MAYÚSC + FIN

Seleccionar hasta el final del archivo.

CTRL + MAYÚSC + REV PÁG

Seleccionar hacia la página anterior.

CTRL + MAYÚSC + AV PÁG

Seleccionar hacia la página siguiente.

CTRL + MAYÚSC + ESPACIO

Seleccionar todo.

TECLAS DE CONTROL + ALT

CTRL + ALT + B

Buscar y reemplazar.

CTRL + ALT + C

Comentarios.

CTRL + ALT + E

Gestor de extensiones.

CTRL + ALT + K

Hiperenlace.

CTRL + ALT + MAYÚSC + V

Pegar texto sin formato.

TECLAS DE ALT

ALT + ABAJO

Lista de selección.

ALT + RETROCESO

Deshacer.

ALT

Activar la barra de menú.

ALT + X

Conmutar notación Unicode.

ALT + F11

Basic.

ALT + F

Opciones...

IMPRESS

TECLAS DE FUNCIÓN

F1

Ayuda.

F2

Cuadro de texto.

F3

Entrar en grupo.

F5

Iniciar presentación.

F6

Desplazarse por las barras del programa.

F7

Ortografía.

F8

Editar puntos.

F10

Activar la barra de menú.

F11

Estilos.

OTRAS TECLAS

RE PÁG

Ir a la página anterior.

AV PÁG

Ir a la página siguiente.

INTRO

Insertar párrafo.

SUPR

Eliminar contenido.

TECLAS DE MAYÚSCULA

MAYÚSC + F3

Duplicar.

MAYÚSC + F4

Ir al marco siguiente.

MAYÚSC + F5

Iniciar desde diapositiva actual.

MAYÚSC + F10

Desplegar el menú contextual.

MAYÚSC + INSERT

Pegar.

MAYÚSC + SUPR

Cortar.

TECLAS DE CONTROL

CTRL +1

Interlineado 1.

CTRL + 2

Interlineado 2.

CTRL + 5

Interlineado 1,5.

CTRL + A

Abrir...

CTRL + B

Buscar.

CTRL + C

Copiar.

CTRL + E

Seleccionar todo.

CTRL + F

Buscar.

CTRL + G

Guardar.

CTRL + H

Buscar y reemplazar.

CTRL + I

Itálica.

CTRL + J

Alineación justificada.

CTRL + K

Itálica.

CTRL + L

Alineación a la izquierda.

CTRL + M

Página nueva.

CTRL + N

Negrita.

CTRL + O

Abrir.

CTRL + P

Imprimir.

CTRL + Q

Salir.

CTRL + R

Alineación a la derecha.

CTRL + S

Subrayado.

CTRL + T

Alineación centrada.

CTRL + U

Nuevo.

CTRL + V

Pegar.

CTRL + W

Cerrar ventana.

CTRL + X

Cortar.

CTRL + Y

Rehacer.

CTRL + Z

Deshacer.

CTRL + [

Disminuir.

CTRL +]

Aumentar.

TECLAS DE CONTROL + FUNCIÓN

CTRL + F3

Abandonar grupo.

CTRL + F4

Cerrar.

CTRL + F5

Barra lateral.

CTRL + F7

Sinónimos.

TECLAS DE CONTROL + OTRAS TECLAS

CTRL + INSERT

Copiar.

CTRL + SUPR

Eliminar hasta el final de la palabra.

CTRL + +

Traer adelante.

CTRL + -

Enviar atrás.

CTRL + *

Ejecutar campo de macro.

CTRL + /

Separación invisible opcional.

TECLAS DE CONTROL + MAYÚSCULA

CTRL + MAYÚSC + B

Subíndice.

CTRL + MAYÚSC + G

Agrupar.

CTRL + MAYÚSC + K

Combinar.

CTRL + MAYÚSC + M

Limpiar formato.

CTRL + MAYÚSC + N

Plantillas

CTRL + MAYÚSC + O

Previsualización de impresión.

CTRL + MAYÚSC + P

Superíndice.

CTRL + MAYÚSC + Q

Detener ejecución de macro.

CTRL + MAYÚSC + R

Reglas.

CTRL + MAYÚSC + S

Guardar como...

CTRL + MAYÚSC + V

Pegado especial.

CTRL + MAYÚSC + Y

Repetir.

CTRL + MAYÚSC + Z

Rehacer.

CTRL + MAYÚSC + F4

Orígenes de datos.

CTRL + MAYÚSC + F5

Navegador.

CTRL + MAYÚSC + F8

Ajustar al marco.

CTRL + MAYÚSC + ABAJO

Bajar la página.

CTRL + MAYÚSC + ARRIBA

Subir la página.

CTRL + MAYÚSC + INICIO

Mover página al principio.

CTRL + MAYÚSC + FIN

Mover página al final.

CTRL + MAYÚSC + ESPACIO

Insertar espacio indivisible.

TECLAS DE CONTROL + ALT

CTRL + ALT + B

Buscar y reemplazar.

CTRL + ALT + C

Comentario.

CTRL + ALT + E

Gestor de extensiones.

CTRL + ALT + K

Hiperenlace...

CTRL + ALT + REV PÁG

Comentario anterior.

CTRL + ALT + AV PÁG

Siguiente comentario.

CTRL + ALT +MAYÚSC + 9

Activar / Desactivar ItemBrowser.

CTRL + ALT +MAYÚSC + G

Desagrupar.

CTRL + ALT +MAYÚSC + K

Dividir.

CTRL + ALT +MAYÚSC + P

Modo de pixel.

CTRL + ALT +MAYÚSC + V

Pegar texto sin formato.

TECLAS DE ALT

ALT

Activar la barra de menú.

ALT + RETROCESO

Deshacer.

ALT + MAYÚSC + F5

Ir a la última diapositiva editada.

ALT + MAYÚSC + F8

Área en bloque.

ALT + MAYÚSC + ABAJO

Bajar.

ALT + MAYÚSC + ARRIBA

Subir.

ALT + MAYÚSC + IZQUIERDA

Subir un nivel.

ALT + MAYÚSC + DERECHA

Bajar un nivel.

ALT + MAYÚSC + ESPACIO

Insertar espacio estrecho indivisible.

ATL + F11

Basic.

ALT + F12

Opciones...

DRAW

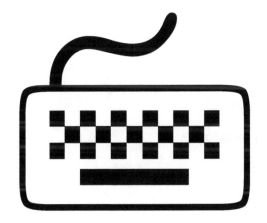

TECLAS DE FUNCIÓN

F1

Ayuda.

F2

Cuadro de texto.

F3

Entrar en grupo.

F4

Posición y tamaño.

F5

Navegador.

F6

Desplazarse por las barras del programa.

F7

Ortografía.

F8

Editar puntos.

F10

Activar la barra de menú.

F11

Estilos.

OTRAS TECLAS

SUPR

Eliminar contenido.

TECLAS DE MAYÚSCULA

MAYÚSC + F3

Duplicar.

MAYÚSC + F7

Revisión ortográfica automática.

MAYÚSC + F10

Desplegar el menú contextual.

MAYÚSC + INSERT

Pegar.

MAYÚSC + SUPR

Cortar.

TECLAS DE CONTROL

CTRL +1

Interlineado 1.

CTRL + 2

Interlineado 2.

CTRL + 5

Interlineado 1,5.

CTRL + A

Abrir...

CTRL + B

Buscar.

CTRL + C

Copiar.

CTRL + E

Seleccionar todo.

CTRL + F

Buscar.

CTRL + G

Guardar.

CTRL + H

Buscar y reemplazar.

CTRL + I

Itálica.

CTRL + J

Alineación justificada.

CTRL + K

Itálica.

CTRL + L

Alineación a la izquierda.

CTRL + M

Limpiar.

CTRL + N

Negrita.

CTRL + O

Abrir.

CTRL + P

Imprimir.

CTRL + Q

Salir.

CTRL + R

Alineación a la derecha.

CTRL + S

Subrayado.

CTRL + T

Alineación centrada.

CTRL + U

Nuevo.

CTRL + V

Pegar.

CTRL + W

Cerrar ventana.

CTRL + X

Cortar.

CTRL + Y

Rehacer.

CTRL + Z

Deshacer.

CTRL + [

Disminuir.

CTRL +]

Aumentar.

CTRL + F3

Abandonar grupo.

CTRL + F4

Cerrar.

CTRL + F5

Barra lateral.

CTRL + F7

Sinónimos.

CTRL + INSERT

Copiar.

CTRL + +

Traer adelante.

CTRL + -

Enviar atrás.

CTRL + /

Separación invisible opcional.

TECLAS DE CONTROL + MAYÚSCULA

CTRL + MAYÚSC + B

Subíndice.

CTRL + MAYÚSC + G

Agrupar.

CTRL + MAYÚSC + K

Combinar.

CTRL + MAYÚSC + M

Modo de edición.

CTRL + MAYÚSC + N

Plantillas

CTRL + MAYÚSC + O

Previsualización de impresión.

CTRL + MAYÚSC + P

Superíndice.

CTRL + MAYÚSC + Q

Detener ejecución de macro.

CTRL + MAYÚSC + R

Reglas.

CTRL + MAYÚSC + S

Guardar como…

CTRL + MAYÚSC + V

Pegado especial.

CTRL + MAYÚSC + Y

Repetir.

CTRL + MAYÚSC + Z

Rehacer.

CTRL + MAYÚSC + F4

Orígenes de datos.

CTRL + MAYÚSC + F8

Ajustar al marco.

CTRL + MAYÚSC + F10

Desplegar el menú contextual.

CTRL + MAYÚSC + ESPACIO

Insertar espacio indivisible.

TECLAS DE CONTROL + ALT

CTRL + ALT + B

Buscar y reemplazar.

CTRL + ALT + C

Comentario.

CTRL + ALT + E

Gestor de extensiones.

CTRL + ALT + K

Hiperenlace...

CTRL + ALT +MAYÚSC + 9

Activar / Desactivar ItemBrowser.

CTRL + ALT +MAYÚSC + G

Desagrupar.

CTRL + ALT +MAYÚSC + K

Dividir.

CTRL + ALT +MAYÚSC + P

Modo de pixel.

TECLAS DE ALT

ALT

Activar la barra de menú.

ALT + RETROCESO

Deshacer.

ALT + MAYÚSC + ESPACIO

Insertar espacio estrecho indivisible.

ALT + X

Conmutar notación Unicode.

ATL + F11

Basic.

ALT + F12

Opciones...

66

MATH

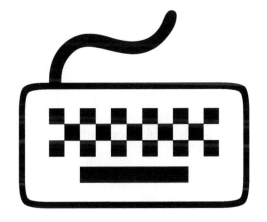

TECLAS DE FUNCIÓN

F1

Ayuda.

F3

Error siguiente.

F4

Marca siguiente.

F6

Desplazarse por las barras del programa.

F9

Actualizar.

F10

Activar la barra de menú.

OTRAS TECLAS

SUPR

Eliminar contenido.

TECLAS DE MAYÚSCULA + FUNCIÓN

MAYÚSC + F3

Error anterior.

MAYÚSC + F4

Marca anterior.

TECLAS DE CONTROL

CTRL + A

Seleccionar todo.

CTRL + C

Copiar.

CTRL + G

Guardar.

CTRL + N

Nuevo.

CTRL + O

Abrir.

CTRL + P

Imprimir.

CTRL + Q

Salir.

CTRL + S

Guardar.

CTRL + U

Nuevo.

CTRL + V

Pegar.

CTRL + W

Cerrar ventana.

CTRL + X

Cortar.

CTRL + Y

Rehacer.

CTRL + Z

Deshacer.

TECLAS DE CONTROL + FUNCIÓN

CTRL + F4

Cerrar.

TECLAS DE CONTROL + OTRAS TECLAS

CTRL + INSERT

Copiar.

TECLAS DE CONTROL + MAYÚSCULA

CTRL + MAYÚSC + J

Pantalla completa.

CTRL + MAYÚSC + N

Plantillas

CTRL + MAYÚSC + S

Guardar como...

CTRL + MAYÚSC + F4

Orígenes de datos.

TECLAS DE ALT

ALT

Activar la barra de menú.

ALT + X

Conmutar notación Unicode.

ATL + F11

Basic.

ALT + F12

Opciones...

ALT + RETROCESO

Deshacer.

BASE

TECLAS DE FUNCIÓN

F1

Ayuda.

F2

Fórmula. (Formulario)

F4

Previsualización. (Consultas)

F5

Ejecutar consulta. (Consultas)

Navegador. (Formulario)

F6

Desplazarse por las barras del programa.

F7

Anadir tabla o consulta (Consulta)

Ortografía. (Formulario)

F9

Actualizar campos. (Formulario)

F10

Desplazarse entre la barra de menú y los menús de la base de datos.

F11

Estilos. (Formulario)

F12

Lista numerada. (Formulario)

OTRAS TECLAS

SUPR

Eliminar contenido. (Informe)

ESC

Cancelar.

INSERT

Modo de inserción.

TECLAS DE MAYÚSCULA

MAYÚSC + F3

Cambiar uso de mayúsculas. (Formulario)

MAYÚSC + F7

Revisión ortográfica automática. (Formulario)

MAYÚSC + F11

Estilo nuevo a partir de selección. (Formulario)

MAYÚSC + F12

Listas con viñetas. (Formulario)

MAYÚSC + INSERT

Pegar. (Formulario / Informe)

MAYÚSC + SUPR

Cortar. (Formulario / Informe)

TECLAS DE CONTROL

CTRL + A

Abrir... (Formulario / Informe / Tablas / Consultas)

CTRL + B

Buscar. (Formulario)

CTRL + C

Copiar. (Formulario / Informe / Tablas / Consultas)

CTRL + D

Subrayado doble. (Formulario)

CTRL + E

Seleccionar todo. (Formulario / Informe)

CTRL + F

Buscar registro. (Tablas / Consultas)

CTRL + G

Guardar registro actual. (Formulario / Informe / Tablas / Consultas)

CTRL + H

Buscar y reemplazar. (Formulario)

CTRL + I

Itálica. (Formulario)

CTRL + J

Alineación justificada. (Formulario)

CTRL + K

Itálica. (Formulario)

CTRL + L

Alineación a la izquierda. (Formulario)

CTRL + N

Nuevo.

Negrita. (Formulario)

CTRL + O

Abrir. (Formulario)

CTRL + P

Imprimir. (Formulario)

CTRL + Q

Salir. (Formulario / Informe / Tablas / Consultas)

CTRL + R

Alineación a la derecha. (Formulario)

CTRL + S

Subrayado. (Formulario)

CTRL + T

Alineación centrada. (Formulario)

CTRL + V

Pegar. (Formulario / Informe / Tablas / Consultas)

CTRL + W

Cerrar ventana. (Formulario / Informe / Tablas / Consultas)

CTRL + X

Cortar. (Formulario / Informe / Tablas / Consultas)

CTRL + Y

Rehacer. (Formulario / Informe / Tablas / Consultas)

CTRL + Z

Deshacer. (Tablas / Informe)

CTRL + 0

Cuerpo de texto. (Formulario)

CTRL +1

Título 1. (Formulario)

CTRL + 2

Título 2. (Formulario)

CTRL + 3

Título 3. (Formulario)

TECLAS DE CONTROL + FUNCIÓN

CTRL + F2

Más campos... (Formulario)

CTRL + F3

Texto automático. (Formulario)

CTRL + F4

Cerrar.

CTRL + F7

Sinónimos. (Formulario)

CTRL + F8

Marcar campos. (Formulario)

CTRL + F9

Nombres de campo. (Formulario)

CTRL + F10

Marcas de formato. (Formulario)

CTRL + F12

Tabla. (Formulario)

TECLAS DE CONTROL + OTRAS TECLAS

CTRL + INSERT

Copiar. (Formulario)

CTRL + +

Calcular. (Formulario)

CTRL + -

Insertar guion discrecional. (Formulario)

CTRL + /

Separación invisible opcional. (Formulario)

TECLAS DE CONTROL + MAYÚSCULA

CTRL + MAYÚSC + B

Subíndice. (Formulario)

CTRL + MAYÚSC + I

Seleccionar texto. (Formulario)

CTRL + MAYÚSC + J

Pantalla completa. (Formulario)

CTRL + MAYÚSC + M

Modo de edición. (Formulario / Informe / Consultas)

CTRL + MAYÚSC + N

Plantillas

CTRL + MAYÚSC + O

Previsualización de impresión. (Formulario / Informe)

CTRL + MAYÚSC + P

Superíndice. (Formulario)

CTRL + MAYÚSC + S

Guardar como... (Formulario / Informe / Tablas / Consultas)

CTRL + MAYÚSC + V

Pegado especial. (Formulario)

CTRL + MAYÚSC + Y

Repetir. (Formulario)

CTRL + MAYÚSC + Z

Rehacer. (Formulario)

TECLAS DE CONTROL + MAÝUSCULA + FUNCIÓN

CTRL + MAYÚSC + F4

Orígenes de datos. (Formulario)

CTRL + MAYÚSC + F8

Área en bloque. (Formulario)

CTRL + MAYÚSC + F11

Actualizar. (Formulario)

CTRL + MAYÚSC + ESPACIO

Insertar espacio indivisible. (Formulario)

CTRL + MAYÚSC + -

Insertar guion indivisible. (Formulario)

TECLAS DE ALT

ALT + F11

Basic. (Formulario)

ALT + F12

Opciones. (Formulario / Informe / Tablas / Consultas)

ALT + RETROCESO

Deshacer. (Formulario)

TECLAS DE CONTROL + ALT

CTRL + ALT + B

Buscar y reemplazar. (Formulario)

CTRL + ALT + C

Insertar comentario. (Formulario)

CTRL + ALT + E

Gestor de extensiones. (Formulario / Informe / Tablas / Consultas)

CTRL + ALT + K

Insertar hiperenlace. (Formulario)

CTRL + ALT + ABAJO

Bajar un nivel en una lista. (Formulario)

CTRL + ALT + ARRIBA

Subir un nivel en una lista. (Formulario)